Jo-Jo

Lesebuch 4

Arbeitsheft
Fördern

Erarbeitet von

Nicola Kiwitt

Martin Wörner

Cornelsen

Jo-Jo

Lesebuch **4**

Arbeitsheft

Fördern

Erarbeitet von	Nicola Kiwitt, Martin Wörner
Redaktion	Martina Schramm, Kaarst
Illustrationen	Sabine Wiemers
Umschlagillustration	Barbara Jung
Gesamtgestaltung und technische Umsetzung	Heike Börner

Text- und Bildquellen
S. 4 Welsh, Renate: Die Brücke. Aus: Gerri Zotter: Das Sprachbastelbuch. Otto Maier Verlag, Ravensburg 1977. © 1987 Verlag Jugend und Volk, Wien und München. **S. 6** Ludwig, Sabine: Hilfe, ich hab meine Lehrerin geschrumpft (bearb.). Dressler, Hamburg 2016. **S. 16** Hackbarth, Annette: In der Erde tobt das Leben (bearb.). (Originaltitel: Der Wald hat viele Helfer). Aus: Wald. Mehr als nur Bäume. Tessloff, Nürnberg 2014. **S. 18** Legende aus Borneo: Der Wald gehört Pulang Gana. Aus: Pit Budde und Josephine Kronfli: Regenwald & Dschungelwelt. Ökotopia, Münster 2006. **S. 22** Walliams, David: Gangsta-Oma (bearb.). Aus dem Englischen von Salah Naoura. Rowohlt, Reinbek bei Hamburg 2016. **S. 24** Lie, Bjørn Rune: Im Slapsefjell … (bearb.). Aus: Winterspaß im Slapsefjell. Aus dem Norwegischen von Maike Dorries. Kunstanstifter, Mannheim 2016. **S. 26** Foto: Tanja Glatz, Reken. **S. 28** ullstein bild / taglichtmedia. **S. 30** Follett, Ken: Hopp, Hopp, Hypersprung (bearb.). Aus: Die Kinder des Universums. Übersetzung von Axel Merz. Baumhausverlag in der Bastei Lübbe GmbH & Co. KG, Köln. © 2011 Bastei Lübbe GmbH & Co. KG Köln. **S. 33** links: Maar, Paul: Der Esel. Aus: Das fliegende Kamel. Oetinger, Hamburg 2010. rechts: Maar, Paul: Der Esel (einzelne Wörter verändert). Aus: Das fliegende Kamel. Oetinger, Hamburg 2010. **S. 34** Sanna, Francesca: Die Flucht (bearb.). Aus dem Englischen übersetzt von Thomas Bodmer. © NordSüd Verlag, Zürich, 2016, für die deutschsprachige Ausgabe. Die Originalausgabe erschien 2016 unter dem Titel „The Journey" bei Flying Eye Books, einem Imprint von Nobrow Ltd., Text und Illustration © 2016 Francesca Sanna. **S. 36** Dahl, Roald: James und der Riesenpfirsich (bearb.). Aus dem Englischen von Inge M. Artl. © 1987 Rowohlt Verlag, Reinbek. **S. 38** Äsop: Die keinen und die großen Fische. Aus: Rudolf Hagelstange: Die Fabeln des Aesop. Ravensburger Buchverlag, Ravensburg 1989. (Im Text „Die kleinen und die großen Frösche" wurden gegenüber dem Ausgangstext acht Wörter verändert). **S. 44** Drvenkar, Zoran: Zarah (bearb.). Alle Rechte beim Autor. **S. 46** Cottin, Menena: Gelb schmeckt nach Senf (Originaltitel: Das schwarze Buch der Farben). Aus dem Spanischen von Helga Preugschat. Fischer Schatzinsel, Frankfurt am Main 2008. **S. 48 o.:** Shutterstock / rj lerich; **u.:** Shutterstock / Monkey Business Images. **S. 49 o.:** Shutterstock / Monkey Business Images; **u.:** Shutterstock / v.s.anandhakrishna. **S. 56** Britz, Annemarie: Aus der Sage „Die Mittagsfrau" (Auszug). Herausgegeben von der Stadt- und Kreisbibliothek Hoyerswerda. **S. 58** Abb.: Heesen, Martha: Mein Bruder, die Neuen und ich. Aus dem Niederländischen von Rolf Erdorf. Illustrationen: Maja Bohn. © 2017 Gerstenberg Verlag, Hildesheim. **S. 59** Heesen, Martha: Arend (bearb.). Aus: Mein Bruder, die Neuen und ich. Aus dem Niederländischen von Rolf Erdorf. Illustrationen: Maja Bohn. © 2017 Gerstenberg Verlag, Hildesheim. **S. 61** Funke, Cornelia: Die Tür zur Bibliothek (bearb.). Aus: Tintenherz. Dressler, Hamburg 2003. **S. 63** Abb. 1: Ludwig, Sabine: Hilfe, ich hab meine Lehrerin geschrumpft. Illustriert von Isabel Kreitz. © Cecilie Dressler, Hamburg 2006; Abb. 2: Socha, Piotr (Text und Illustrationen): Die Riesenhonigbienen in Asien. Aus dem Polnischen von Thomas Weiler. Aus: Bienen. © 2016 Gerstenberg Verlag, Hildesheim; Abb. 3: Follett, Ken: Die Kinder des Universums. Illustriert von Norbert Maier und Jan Birck. Baumhausverlag in der Bastei Lübbe GmbH & Co. KG, Köln. © 2011 Bastei Lübbe GmbH & Co. KG Köln; Abb. 4: Lie, Bjørn Rune: Winterspaß im Slapsefjell. Kunstanstifter, Mannheim 2016; Abb. 5: Dahl, Roald (Text) und Quentin Blake (Illustrationen): James und der Riesenpfirsich. Aus dem Englischen von Inge M. Artl. © 1987 Rowohlt Verlag GmbH, Reinbek bei Hamburg; Abb. 6: Heesen, Martha: Mein Bruder, die Neuen und ich. Aus dem Niederländischen von Rolf Erdorf. Illustrationen: Maja Bohn. © 2017 Gerstenberg Verlag, Hildesheim; Abb. 7: Funke, Cornelia (Text und Cover-Design): Tintenherz. Dressler, Hamburg 2003; Abb. 8: Walliams, David: Gangsta-Oma. Aus dem Englischen von Salah Naoura. Cover von Tony Ross. Rowohlt, Reinbek bei Hamburg 2016.

www.cornelsen.de

Aus didaktischen Gründen wurden Texte gekürzt/verändert.

1. Auflage, 3. Druck 2020

Alle Drucke dieser Auflage sind inhaltlich unverändert
und können im Unterricht nebeneinander verwendet werden.

© 2018 Cornelsen Verlag GmbH, Berlin

Das Werk und seine Teile sind urheberrechtlich geschützt. Jede Nutzung in anderen als den gesetzlich zugelassenen Fällen bedarf der vorherigen schriftlichen Einwilligung des Verlages. Hinweis zu §§ 60a, 60b UrhG: Weder das Werk noch seine Teile dürfen ohne eine solche Einwilligung an Schulen oder in Unterrichts- und Lehrmedien (§ 60b Abs. 3 UrhG) vervielfältigt, insbesondere kopiert oder eingescannt, verbreitet oder in ein Netzwerk eingestellt oder sonst öffentlich zugänglich gemacht oder wiedergegeben werden.
Dies gilt auch für Intranets von Schulen.

Druck: Athesiadruck GmbH

ISBN: 978-3-06-080874-8

PEFC zertifiziert
Dieses Produkt stammt aus nachhaltig bewirtschafteten Wäldern und kontrollierten Quellen.
www.pefc.de
PEFC/18-31-166

Inhalt

Kapitel	lesedidaktische Schwerpunkte	Seite
Miteinander	Vergleiche verstehen; genau und sinnentnehmend lesen; Satzhälften verbinden; unterschiedliche Schriften flüssig lesen; Selbsteinschätzung	4
Herbstwind	ein Gedicht (Ballade) lesen und verstehen; Zwischenüberschriften finden, eine Strophe anhand des Reimes rekonstruieren, Wörter aus einem Dialekt verstehen; W-Fragen zu einem Sachtext beantworten; Selbsteinschätzung	10
Es wächst und grünt	W-Fragen beantworten und selbst stellen; eine Legende gliedern; Zwischenüberschriften zuordnen; einen Text bewerten; Selbsteinschätzung	16
Detektivgeschichten	Texte genau lesen und verstehen; Wörter entschlüsseln; selbst eine Nachricht verschlüsseln; zu einer Überschrift antizipieren; Selbsteinschätzung	20
Winterkälte	schwierige Wörter lesen und Erklärungen zuordnen; Stolpersilben in Wörtern finden; in einer Illustration versteckte Wörter finden; eine Bastelanleitung ergänzen und ordnen; Selbsteinschätzung	24
Zeit vergeht	wichtige Stellen in einem Text markieren; Zwischenüberschriften formulieren; W-Fragen beantworten; überfliegend lesen; kleine Wörter in einem Text schnell erkennen; Satzhälften verbinden; Selbsteinschätzung	28
Das bin ich	Wörtertreppen lesen; Texte vergleichen und Unterschiede finden; Textstellen für einen ersten Eindruck nutzen; Zwischenüberschriften finden; Selbsteinschätzung	32
Tieren auf der Spur	passende Bilder zu einem Text ankreuzen; überfliegend lesen und Wortgruppen finden; Texte vergleichen und Unterschiede finden; über einen Text nachdenken; Selbsteinschätzung	36
Frühlingsduft	Blickschulung; einen Sachtext rekonstruieren; richtige und falsche Aussagen zu einem Text erkennen; eine Abbildung zum Verstehen nutzen; Selbsteinschätzung	40
Schau mal	passende Bilder zu einem Text ankreuzen; richtige Aussagen ankreuzen; poetische Sprache verstehen; eigene Assoziationen stichwortartig aufschreiben; Selbsteinschätzung	44
Freizeit	Stichwörter in einem Sachtext markieren und herausschreiben; den Inhalt eines Textes mit Hilfe von Stichwörtern wiedergeben; Stolperwörter in Sätzen streichen; Selbsteinschätzung	48
Medien	Fachbegriffe und Erklärungen zuordnen; Wörter in einem Suchsel finden; einen Fachbegriff erklären; Sätze rekonstruieren; Stolperwörter in Sätzen streichen; Sätze eines Textes ordnen; Selbsteinschätzung	52
Sommerhitze	passende Textstellen markieren; die richtige Bedeutung von Fachbegriffen ankreuzen; Vermutungen anstellen und überprüfen; die eigene Meinung begründen; Selbsteinschätzung	56
Ich liebe Bücher	Fragen und Antworten zuordnen; Fragen zu einem Text formulieren; Klappentexte zuordnen; Texte auswählen, lesen und bewerten; Selbsteinschätzung	60
Quer durch das Leseheft	Lesequiz	64

 Wahlaufgabe

zur Selbsteinschätzung eine Farbe ankreuzen:
● konnte ich gut lesen, ● konnte ich einigermaßen gut lesen, ● konnte ich noch nicht gut lesen (z. B. S. 7, Aufgabe 3)

3

Miteinander

1 Lies und betrachte die Abbildung.

Die Brücke

```
            Worte  Worte  Worte
         Worte  Worte  Worte  Worte
       Worte                    Worte
     Worte                       Worte
    Worte                         Worte
 ICH   Worte                   Worte   DU
```

Renate Welsh

2 Was wird durch die Abbildung oben ausgesagt? Kreuze einen Satz an.

☐ Man kann sich auch ohne Worte verstehen.

☐ Worte können Brücken von mir zu einem anderen Menschen bauen.

☐ Worte können einen anderen Menschen verletzen.

☐ Viele Menschen sprechen mehrere Sprachen.

☐ Es ist schwer, sich immer richtig zu verstehen.

3 Wie sind Worte noch? Verbinde passend.

Worte sind wie Pfeile.	Sie können spitz und verletzend sein.
Worte sind wie Vögel.	Sie können scharf und schneidend sein.
Worte verleihen Flügel.	Man fühlt sich gut, wenn man sie hört.
Worte sind Schall und Rauch.	Sie verbinden dich und mich.
Worte sind wie eine Brücke.	Man kann sie nicht wieder einfangen.
Worte sind wie Messer.	Sie bleiben nicht bestehen.

Lesen und den Blick trainieren

1 Lies die Sätze mehrmals.
Lies sie so, dass man den Rhythmus gut hört.

Alles Schöne, alles Gute, alles Glück auf dieser Welt;
bleib gesund und bleibe fröhlich, tue das, was dir gefällt.

Ein bisschen Grütze unter der Mütze ist doch sehr viel nütze.
Aber ein liebes Herz unter der Weste ist das Allerbeste.

Hab Lieder auf den Lippen, verliere nie den Mut,
hab Sonnenschein im Herzen und alles wird stets gut!

Genieße froh den Morgen, dein Tag sei ohne Sorgen,
verbring den Abend heiter und mach so lustig weiter.

2 Schau genau: Suche in jeder Zeile das falsch geschriebene Wort.
Streiche es erst beim zweiten Lesen durch.

Freunde Freunde Freunde ~~Freunde~~ Freunde Freunde Freunde Freunde Freunde

Feinde Feinde Feinde Feinde Feunde Feinde Feinde Feinde Feinde Feinde Feinde

Kinder Kinder Kinder Rinder Kinder Kinder Kinder Kinder Kinder Kinder Kinder

Lehrerin Lehrerin Lehrerin Lehrerin Lehrerin Lehrerim Lehrerin Lehrerin Lehrerin Lehrerin

Feiertag Feiertag Feiertag Feiertag Feiertag Feiertag Feiertag Feuertag Feiertag

3 Wie oft findest du das Wort? Kreise ein und notiere rechts die Anzahl.

wem	(wem) wann wo wer was wie wem oft warum wen wem wessen wie wem welche der wem dem wenn warum wem	
nicht	Nacht nicht Dach nicht Sicht nicht wichtig nichtig nicht dicht nicht schlicht bricht Sicht nicht nachts wach nicht lacht sacht	
Dreck	Leck Dreck Sack Drang Dreck Deck keck frech Dach Dreck Sack Trick Troll Dreck schlecken dicht drei Dreck dicht Dach Dreck	

Hilfe, ich hab meine Lehrerin geschrumpft

1 Lies den Text.

Schwungvoll wurde die Tür aufgerissen und sie betrat den Raum.
Ich hätte nicht sagen können, was so furchterregend an ihr war. Eigentlich sah sie völlig normal aus: dunkle Ponyfrisur, Brille, mittelgroß, mitteldick und wahrscheinlich auch mittelalt. Das einzig Herausragende war ihre Nase.
Sie war so lang und spitz, dass man damit hätte Käse schneiden können.

Sabine Ludwig

2 Markiere im Text die Wörter, die die Lehrerin gut beschreiben.

3 Welche Figur passt genau zur Beschreibung? Kreuze an.

4 Markiere bei den falschen Lehrerinnen die Fehler.

5 Kreuze die Sätze rot an, die Felix' Angst beschreiben.
Kreuze die Sätze blau an, die ihm Mut machen.

	Es sind nur 45 Minuten, sagte ich mir, nur fünfundvierzig Minuten.
	Wenn du vor jemandem Angst hast, musst du ihn dir einfach in Unterhosen vorstellen.
	Frau Schmitt-Gössenwein lächelte unangenehm und öffnete ihre Aktentasche.
	Ich spürte, wie sich an meinem ganzen Körper Gänsehaut bildete.
	Lass sie in Gedanken immer kleiner werden. Du wirst sehen, das funktioniert.

Satzhälften verbinden

1 Verbinde die Satzhälften.
Tipp: Nimm verschiedene Farben für die Sätze.

Ich sitze in der Schule	mir eine Fünf plus verpasst.
Beim Gedanken an Mathe	immer neben Ella.
In der letzten Arbeit hat sie	bekomme ich Gänsehaut.
Dieses Mal hatte ich	drei Aufgaben richtig hatte.
Das war ungerecht, weil ich	eine Sechs.

Ich musste sie dazu bringen,	etwas zu mir gesagt.
Aber sie machte mir	stell ihn dir in Unterhosen vor.
Meine Mutter hatte einmal	Angst.
Wenn dir jemand Angst macht,	mir noch eine Fünf zu geben.
So wollte ich mir meine Lehrerin	kleiner werden.
Ich ließ sie in Gedanken	aber nicht vorstellen!

Da schrumpfte sie	und geschlossenen Augen.
Ich stopfte sie in meine Jackentasche	weiterhin winzig.
Vorsichtig setzte ich sie	und wurde immer kleiner.
Frau Schmitt-Gössenwein befahl,	in meinen leeren Hamsterkäfig.
Ich versuchte es mit offenen	und ging nach Hause.
Vergeblich! Sie blieb	sie wieder größer zu machen.

2 Lies die Sätze oben mehrmals. Lies sie immer flüssiger.

3 Lies nun mehrmals im **Jo-Jo-Lesebuch** die Seiten 10 bis 12.
Fülle die Zeile unten aus.

Ich habe den Lesebuchtext _____ Mal gelesen. ⬜ 🟢 ⬜ 🟠 ⬜ 🔴

Herrn Bremser geht ein Licht auf

1 Lies die Texte. Welche Schrift kannst du leichter lesen? Kreuze an.

☐ Luise, genannt Pünktchen, ist richtig sauer! Ihr Freund Anton kümmert sich tagsüber um seine kranke Mutter. Nachts verkauft er heimlich Schnürsenkel, damit sie überhaupt Geld haben. Kein Wunder, dass Anton immer müde ist und in der Schule nicht gut aufpassen kann. Und ausgerechnet da will der Lehrer, Herr Bremser, Antons Mutter einen Brief schreiben. Pünktchen will Anton helfen. Sie will mit Herrn Bremser sprechen, damit er versteht, warum Anton immer so müde ist. Es ist höchste Zeit, dass ihm ein Licht aufgeht, findet Pünktchen.

☐ LUISE, GENANNT PÜNKTCHEN, IST ECHT SAUER! IHR FREUND ANTON KÜMMERT SICH TAGSÜBER UM SEINE ALTE MUTTER. NACHTS VERKAUFT ER HEIMLICH STREICHHÖLZER, DAMIT SIE ÜBERHAUPT GELD HABEN. KEIN WUNDER, DASS ANTON IMMER SAUER IST UND IN DER SCHULE NICHT GUT LERNEN KANN. UND AUSGERECHNET DA WILL DER LEHRER, HERR BREMSER, ANTONS MUTTER EINEN ZETTEL SCHREIBEN. PÜNKTCHEN WILL ANTON UNTERSTÜTZEN. SIE WILL MIT HERRN BREMSER REDEN, DAMIT ER VERSTEHT, WARUM ANTON IMMER SO MÜDE IST. ES IST HÖCHSTE EISENBAHN, DASS IHM EIN LICHT AUFGEHT, MEINT PÜNKTCHEN.

2 Markiere die zehn Wörter im zweiten Text, die anders sind.

3 Welches Bild passt zu der Redewendung: **Ihm geht ein Licht auf**? Kreuze an.

4 Schreibe den Satz weiter.

Die Redewendung „Ihm geht ein Licht auf" bedeutet, _____

Unterschiedliche Schriften lesen können

1 Lies den Text mit den verschiedenen Schriften mehrmals.

ERICH KÄSTNER – EIN BERÜHMTER DEUTSCHER SCHRIFTSTELLER

Erich Kästner wurde am 23. Februar 1899 in Dresden geboren.

Nach der Schule wollte er Lehrer werden. Aber mit 18 Jahren musste er in den Ersten Weltkrieg ziehen. Von dort kam er krank zurück.

TROTZDEM BEENDETE ER SEINE AUSBILDUNG ALS LEHRER.

ER ARBEITETE ABER NICHT IN DEM BERUF, SONDERN STUDIERTE GERMANISTIK, GESCHICHTE UND PHILOSOPHIE.

Nebenher fing er schon an, Bücher zu schreiben.

Er hatte nicht selbst die Idee, für Kinder zu schreiben, sondern wurde dazu von Edith Jacobsohn, die Kinderbücher veröffentlichte, angeregt.

1929 erschien sein erstes Buch „Emil und die Detektive".

Es machte ihn berühmt.

1930 folgte das Buch „Pünktchen und Anton".

Erich Kästner starb am 29.07.1974 in München.

Zu Kästners Zeit verwendete man oft ganz andere Schriften als heute.

Manchmal ist es ganz schön schwierig, verschiedene Schriften zu lesen, oder?

2 Unterstreiche im Text die wichtigsten Informationen.

3 Fülle die Zeile aus.

Ich habe den Text _____ Mal gelesen.

Herbstwind

① Lies die Zeilen des Gedichts.
② Nummeriere die Bilder zu den Zeilen.

Herr von Ribbeck auf Ribbeck im Havelland

1   Herr von Ribbeck auf Ribbeck im Havelland,
    Ein Birnbaum in seinem Garten stand,

2   Und kam die goldene Herbsteszeit
    Und die Birnen leuchteten weit und breit,

3   Da stopfte, wenn's Mittag vom Turme scholl,
    Der von Ribbeck sich beide Taschen voll,

4   Und kam in Pantinen ein Junge daher,
    So rief er: „Junge, wiste 'ne Beer?"

5   Und kam ein Mädel, so rief er: „Lütt Dirn,
    Kumm man röver, ick hebb 'ne Birn."

Theodor Fontane

Zwischenüberschriften finden

1 Lies den Text mehrmals.

Herr von Ribbeck auf Ribbeck im Havelland

Im Havelland lebte einst ein reicher Mann, der hieß Herr von Ribbeck. In seinem Garten stand ein großer Birnbaum. Im Herbst trug er viele Birnen, die Herr von Ribbeck sich oft in seine Taschen stopfte. Er war aber auch ein netter Mann, der Jungen und Mädchen oft eine Birne anbot.

Viele Jahre ging es so, dass Herr von Ribbeck im Herbst den Kindern Birnen schenkte. Doch Herr von Ribbeck wurde alt und merkte, dass er nicht mehr lange zu leben hatte. Er wünschte sich, dass man ihm eine Birne mit ins Grab lege. Und so geschah es.
Die Kinder waren sehr traurig, als Herr von Ribbeck starb.

Der Sohn des alten Herrn von Ribbeck war geizig. Park und Birnbaum sollten nur ihm gehören. Die Kinder klagten, dass ihnen niemand mehr Birnen schenken wollte.

Die Jahre vergingen und auf dem Grab wuchs ein Birnbaum. Jeden Herbst hing er voller Birnen. Mittags, wenn die Schule aus war und die Kinder über den Kirchplatz kamen, konnte man es im Baum flüstern hören. Es war, als ob der alte Herr von Ribbeck noch immer seine Birnen verschenken wollte.

2 Markiere die wichtigsten Informationen im Text gelb.

3 Schreibe passende Zwischenüberschriften über die Abschnitte.

Reimwörter

1 Immer zwei Zeilen reimen sich.
Male sie mit der gleichen Farbe aus.

- Längst wölbt sich ein Birnbaum über dem Grab,
- So flüstert's im Baume: „Wiste 'ne Beer?"
- Und in der goldenen Herbsteszeit
- Kumm man röwer, ick gew di 'ne Birn."
- **1** Und die Jahre gehen wohl auf und ab,
- Leuchtet's wieder weit und breit.
- Und kommt ein Jung übern Kirchhof her,
- Und kommt ein Mädel, so flüstert's: „Lütt Dirn,

2 Nummeriere die Zeilen in der richtigen Reihenfolge.

3 Schreibe die Zeilen in der richtigen Folge ab.
Tipp: Lies dazu den letzten Abschnitt auf Seite 11 nochmals genau.

Und die Jahre

12

Vorbereitend zu Jo-Jo-Lesebuch 4, Kapitel 2, Seite 20/21:
Gedichtzeilen anhand des Reimes zuordnen, eine Gedichtstrophe rekonstruieren und aufschreiben

Einen Dialekt verstehen

1 Lies die roten Aussprüche des Herrn von Ribbeck mehrmals laut.

„Junge, wiste 'ne Beer?"

„Junge, willst du ☐ einen Apfel?"
☐ eine Birne?"
☐ eine Pflaume?"

„Ick hebb 'ne Birn."
☐ „Ich habe eine Birne."
☐ „Ich hebe eine Birne auf."
☐ „Hier hängt eine Birne."

„Lütt Dirn, kumm man röver."
☐ „Das Dirndl ist knittrig, bügel mal drüber."
☐ „Kleines Mädchen, kämm dir die Haare."
☐ „Kleines Mädchen, komm mal rüber."

„Ick gew di 'ne Birn."
☐ „Ich gebe dir Geld."
☐ „Ich gehe die Birne holen."
☐ „Ich gebe dir eine Birne."

2 Was bedeuten die Aussprüche oben? Kreuze an.

3 Was sind **Pantinen**?
Markiere die richtige Bedeutung und male,
wie du dir Pantinen vorstellst.

Pantinen sind leckere Schokoladenbonbons.
Pantinen sind Holzschuhe.
Pantinen sind kurze Lederhosen.
Pantinen sind Birnbäume.

4 Schau auf Seite 64 unten nach, ob deine Lösung zu 3 stimmt.

5 Lies im **Jo-Jo-Lesebuch** die Seiten 20 und 21 mit dem ganzen Gedicht.
Fülle die Zeile unten aus.

Ich habe den Lesebuchtext _____ Mal gelesen.

Der Zug der Kraniche

1 Lies den Text genau.

Im Norden Europas, in Schweden, leben viele Kraniche. Sie verbringen dort in den Sümpfen das Frühjahr und den Sommer, legen Eier und ziehen ihre
5 Jungen auf. Wenn es im Herbst kälter wird, werden die Kraniche unruhig. Sie wollen bald nach Spanien und Afrika fliegen, wo es wärmer ist. Es dauert mehrere Tage, bis sich einige
10 Hundert Kraniche auf den Wiesen versammelt haben, um die Reise in ihr Winterquartier zu beginnen. Die jungen Vögel sind zu diesem Zeitpunkt schon groß und stark genug für die lange
15 Reise. Im Oktober und November kann man bei uns in Deutschland sehen, wie die Kraniche aus dem Norden in Richtung Frankreich fliegen. Sie fliegen oft in einer Formation, die aussieht wie
20 eine riesige Eins am Himmel. Diese keilförmige Flugformation dient dazu, während des Fliegens nicht so viel Energie zu verbrauchen, denn der Flug ist sehr anstrengend. Die Schreie der
25 Vögel am Himmel klingen manchmal wie die Klänge aus einer Trompete. Wenn die Vögel mehrere Stunden geflogen sind, suchen sie bestimmte Rastplätze auf. Dort fressen sie und
30 ruhen sich aus. Danach geht die Reise weiter. Die Kraniche fliegen bei Tag und Nacht. Dabei orientieren sie sich am Stand der Sonne und an den Sternen. Sie erkennen aber auch Seen oder
35 Berge. Die Kraniche brauchen mehrere Monate, um die vielen Kilometer in den Süden Spaniens oder in den Norden Afrikas zurückzulegen. Dort, in ihrem Winterquartier, leben sie auf Wiesen
40 und Äckern. Sie fressen Oliven, Eicheln, Insekten, Schnecken, Würmer und Larven. Zwischen Februar und April versammeln sich die Kraniche wieder, um in den Norden zu fliegen.

2 In welcher Formation fliegen die Kraniche am Himmel? Markiere den passenden Satz dazu im Text.

3 Wie sieht die Flugformation der Kraniche aus? Kreuze an.

W-Fragen zum Text beantworten

1 Lies nochmals den Text auf Seite 14.

2 Lies die **W-Fragen** und kreuze die richtigen Antworten an.
Tipp: Es können zwei Antworten richtig sein.
Markiere die Antworten auch im Text auf Seite 14.

1. **Wo** leben viele Kraniche?
   - [ ] in den Bergen
   - [ ] in Afrika
   - [ ] in Schweden

2. **Wann** fliegen die Kraniche in den Süden?
   - [ ] im Sommer
   - [ ] im Herbst
   - [ ] wenn die Tage kälter werden

3. **Wohin** fliegen die Kraniche im Herbst?
   - [ ] nach Spanien
   - [ ] nach Afrika
   - [ ] nach Deutschland

4. **Woran** orientieren sich die Kraniche während des Fluges?
   - [ ] an den Sternen
   - [ ] an Rastplätzen
   - [ ] am Stand der Sonne

5. **Was** fressen die Kraniche in ihren Winterquartieren?
   - [ ] Wiesen
   - [ ] Insekten
   - [ ] Oliven und Eicheln

3 Kreuze an, was stimmt. Notiere das Lösungswort.

- [ ] R Die Kraniche verbringen den Frühling und den Sommer in den Sümpfen.
- [ ] B Die Jungvögel können im Herbst noch nicht fliegen.
- [ ] E Im Winterquartier verbringen die Kraniche den Winter, weil es dort warm ist.
- [ ] I Die Schreie der Kraniche klingen wie eine Trompete.
- [ ] U Die Kraniche müssen sich nicht ausruhen.
- [ ] P Die Kraniche fliegen nach Südamerika und überwintern dort.
- [ ] S Der Stand der Sonne zeigt den Vögeln die Richtung, in die sie fliegen müssen.
- [ ] E Der Flug der Kraniche sieht aus wie eine Eins.
- [ ] L Die Kraniche brauchen ein paar Tage, um in den Süden zu fliegen.

Lösungswort: ___ ___ ___ ___ ___

Es wächst und grünt

① Betrachte das Bild genau.
Zähle die Lebewesen im Boden. Trage die Anzahl ein.

Regenwürmer: ☐   Tausendfüßler: ☐   Ameisen: ☐

Käfer: ☐   Pilze: ☐

② Lies den Text.

Eine unglaubliche Anzahl von Lebewesen sorgt dafür, dass der Wald möglichst gut wachsen kann. Dies beginnt am Boden: Kleinstlebewesen wandeln herabgefallene Blätter, Nadeln und Äste in fruchtbaren Humus um. Die darin enthaltenen Nährstoffe kommen wieder dem Wald zugute.

5 Eine ganz wichtige Rolle im Waldboden spielen Pilze. Fast jeder Baum hat mindestens einen – wenn er Glück hat. Die Wurzeln vieler Baumarten gehen mit Pilzen eine Symbiose ein, das heißt, beide Seiten haben Vorteile davon. Der Pilz umwächst die feinen Wurzelenden des Baumes mit seinem Geflecht und durchdringt die Wurzelrinde. Dadurch unterstützt er den Baum bei
10 der Aufnahme von Wasser und Nährstoffen und wehrt für den Baum schädliche Krankheitserreger ab. Als Gegenleistung erhält der Pilz „Futter", zum Beispiel Zucker.

Annette Hackbarth

W-Fragen beantworten und stellen

1 Beantworte die **W-Fragen** zum Text auf Seite 16.
Markiere zuvor die Antworten im Text.

1. **Wer** sorgt dafür, dass der Wald gut wachsen kann?

Eine unglaubliche Anzahl von

2. **Was** wandeln Kleinstlebewesen in Humus um?

Sie wandeln

2 Schreibe selbst drei **W-Fragen** zu dem Text auf Seite 16 auf.
Markiere die Antworten im Text.

Wo?

Was?

Wie?

Welche?

3 Lies nun mehrmals im **Jo-Jo-Lesebuch** die Seite 30.
Fülle die Zeile unten aus.

Ich habe den Lesebuchtext _____ Mal gelesen.

Eine Legende lesen und verstehen

1 Lies den Text.

Der Wald gehört Pulang Gana

In den alten Zeiten bedeckte der Wald das ganze Land,
es gab keinen Anfang und kein Ende. Der Wald war überall.
Zu dieser Zeit lebten sieben Brüder. Sie wollten ein kleines
Stück Wald abholzen, um dort Früchte anzubauen. Sie nahmen
5 ihre Äxte und schufen eine kleine Lichtung. Sie arbeiteten
den ganzen Tag und schliefen am Abend erschöpft ein.
Am nächsten Morgen trauten sie ihren Augen nicht,
die Lichtung war verschwunden! Vor ihnen wuchs
ein undurchdringlicher Dschungel, grüner und dichter
10 als tags zuvor. Wieder machten sie sich an die Arbeit,
bis sie bei einbrechender Dunkelheit erschöpft einschliefen.
Doch am Morgen erwartete sie das gleiche Bild. Die Lichtung
war verschwunden. Die Brüder waren verwirrt. Aber sie wollten
nicht aufgeben und machten sich wieder an die Arbeit.
15 In dieser Nacht blieben sie wach und setzten sich an den Rand
ihrer Lichtung. Schon bald sahen sie einen Geist. Er ging
von Baum zu Baum, berührte jede Liane, jeden Farn und
erweckte alle zu neuem Leben. Vor den Augen der Brüder
verwandelte sich die Lichtung wieder in einen dichten Dschungel.
20 Wütend sprangen sie auf, um gegen den Geist zu kämpfen.
Doch der sprach: „Bleibt stehen, ich bin Pulang Gana. Hört mich an!
Dieser Wald mit allem, was in ihm wächst, gehört mir. Alles, was sich
hinter dem Wald befindet bis zum fernsten Horizont, die ganze Erde
gehört mir. Kein lebendes Wesen darf ohne meine Erlaubnis
25 auch nur einen kleinen Teil dieser Welt für sich nutzen.
Wer etwas benötigt, muss mir ein Geschenk bringen.
Gefällt es mir, werde ich ihm etwas Land leihen."

Legende aus Borneo

Einen Text in Abschnitte einteilen

1 Lies den Text auf Seite 18 nochmals.
Teile ihn durch Striche in sechs Abschnitte ein.

2 Notiere zu den Abschnitten die Zeilenzahlen.

Teil 1: Zeile __1__ bis Zeile _____ **Teil 4:** Zeile _____ bis Zeile _____

Teil 2: Zeile _____ bis Zeile _____ **Teil 5:** Zeile _____ bis Zeile _____

Teil 3: Zeile _____ bis Zeile _____ **Teil 6:** Zeile _____ bis Zeile _____

3 Welchen Abschnitten kannst du diese Überschriften zuordnen?
Schreibe die passende Nummer dazu.

- Was der Geist sagt ☐
- Am zweiten Morgen ☐
- Ein Geist auf der Lichtung ☐
- Die Brüder sind verwirrt ☐
- Der Wald in alten Zeiten [1]
- Sieben Brüder wollen Früchte anbauen ☐

4 Bewerte den Text und begründe kurz.

sehr gut ☐   gut ☐   geht so ☐   schlecht ☐

_____

_____

5 Lies den Text auf Seite 18 mehrmals.
Fülle die Zeile unten aus.

Ich habe den Text _____ Mal gelesen.   ○ ● ○ ● ○ ●

Detektivgeschichten

1. Lies den Text mit den verschlüsselten Wörtern. Finde heraus, was sie bedeuten.

Das Morse-Alphabet

A	• –	I	• •	R	• – •
Ä	• – • –	J	• – – –	S	• • •
B	– • • •	K	– • –	T	–
C	– • – •	L	• – • •	U	• • –
CH	– – – –	M	– –	Ü	• • – –
D	– • •	N	– •	V	• • • –
E	•	O	– – –	W	• – –
F	• • – •	Ö	– – – •	X	– • • –
G	– – •	P	• – – •	Y	– • – –
H	• • • •	Q	– – • –	Z	– – • •

Im Jahr 1838 hatte der Amerikaner Samuel Morse eine tolle ❶ IDEE. Er erfand eine Zeichenschrift, mit der man Nachrichten versenden kann, ohne Buchstaben zu benutzen. Das Morse-Alphabet besteht nur aus Strichen und Punkten. Die ❷ ZEICHEN werden von einem Morsegerät in Töne umgewandelt oder mit Lichtsignalen, zum Beispiel mit einer Taschenlampe, übermittelt. Die Morsezeichen werden auch ❸ HEUTE noch in der Luft- und Schifffahrt eingesetzt. So steht zum Beispiel „dreimal kurz blinken, dreimal lang und wieder dreimal kurz" für das Notsignal SOS. SOS ist das internationale Notzeichen, welches für alle Länder in der ganzen ❹ WELT gilt. Wenn ein Schiff in Seenot gerät und das ❺ LEBEN der Menschen an ❻ BORD in Gefahr ist, wird SOS gefunkt.

(Punkt = kurz blinken, Strich = lang blinken)

2. Schreibe die entschlüsselten Wörter auf.

❶ IDEE ❷ ZEICHEN ❸ HEUTE
❹ WELT ❺ LEBEN ❻ BORD

Morsen

1 Entschlüssele die Nachricht.
Schreibe die Buchstaben unter die Zeichen.

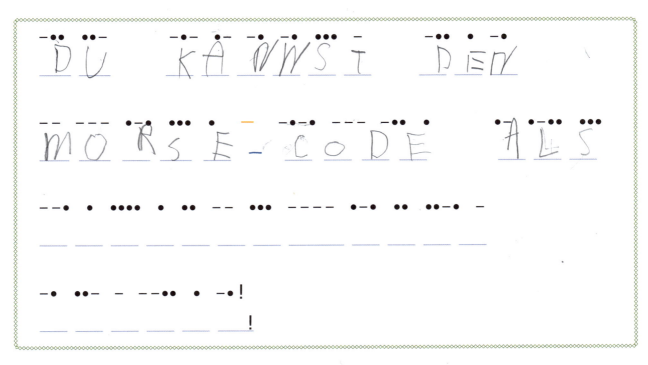

DU KANNST DEN
MORSE-CODE ALS
GEHEIMSPRACHE NUTZEN!

2 Schreibe eine Nachricht im Morse-Alphabet.

3 Lass deine Nachricht von einem Kind entschlüsseln.

Vermutungen zu einem Text anstellen

1 Lies zunächst nur die Überschrift unter Aufgabe 2.
Worum könnte es in diesem Text gehen?

_____

_____

2 Lies den Text. Kläre Wörter, die du nicht so einfach findest.

Gangsta-Oma

Ben muss jeden Freitag bei seiner Oma verbringen. Sie ist zwar nett, aber soooo langweilig! Doch eines Tages findet Ben heraus, dass seine Oma ein Geheimnis hat …

Ben schlotterte hinter dem Busch, während er das Haus seiner Oma beobachtete. Ben sah, wie sich in Omas Haus ein Schatten bewegte. Dann erschien ihr Gesicht am Fenster und er duckte sich schnell. Wenige Minuten später öffnete sich die Haustür langsam und heraus trat eine vollkommen in Schwarz gekleidete Person. Eine schwarze Sturmmaske verbarg das Gesicht, aber an der gebeugten Haltung erkannte Ben, dass es seine Großmutter war.
Rittlings nahm sie auf ihrem Elektromobil Platz und ließ den Motor aufheulen. Wo zum Teufel wollte sie hin? Und vor allem: Wieso war sie gekleidet wie ein Ninja-Kämpfer?
Ben machte sich bereit zur Verfolgung seiner eigenen Oma. Niemals in seinem ganzen Leben hätte er sich träumen lassen, so etwas einmal zu tun.
Wie eine im Bad umherhuschende Spinne, die nicht gesehen werden wollte, steuerte Oma ihr Elektromobil dicht an den Häuserwänden entlang. Ben folgte ihr zu Fuß so lautlos wie möglich. Es war nicht sonderlich schwer, mit ihr Schritt zu halten, denn die Höchstgeschwindigkeit des Elektromobils betrug sechs Stundenkilometer. Ben schnappte nach Luft, als er sah, wo sie schließlich parkte. Vor dem Juwelierladen.
David Walliams

 3 Lies den Text mehrmals. Fülle die Zeile unten aus.

Ich habe den Text _____ Mal gelesen. 🟢 🟡 🔴

W-Fragen helfen beim Verstehen

1 Markiere die Antworten zu den **W-Fragen** im Text auf Seite 22. Schreibe die Antworten **in ganzen Sätzen** auf.

1. Was macht Ben mitten in der Nacht?

<u>Ben beobachtet</u>

2. **Wie** ist die unbekannte Person gekleidet?

_____

_____

3. **Woran** erkennt Ben seine Oma?

_____

_____

4. **Warum** kann Ben der Oma gut folgen?

_____

_____

_____

5. **Wo** parkt Bens Oma?

_____

_____

2 Was könnte die Oma vorhaben? Schreibe kurz auf, was du vermutest.

_____

_____

3 Lies im **Jo-Jo-Lesebuch** die Seiten 44 bis 47 mit dem ganzen Text über die Gangsta-Oma.

4 Kreuze an, ob deine Vermutungen stimmten. ☐ ja ☐ nein

Winterkälte

1 Lies die Adjektive in einer Zeile.
Springe dazu nur mit den Augen hin und her.

klar	....	blau
seiden	....	weich
abenteuer	....	lustig
hart	....	gesotten
hals	....	brecherisch
talent	....	los
saft	....	los
groß	....	artig

2 Setze beim Lesen immer das Wort rechts ein.
Übe mehrmals, den Text flüssig zu lesen.

Im Slapsefjell beginnt ein ❄❄❄ Wintertag. — **klirrender**

Der Himmel ist ❄❄❄ und — **klarblau**

der ❄❄❄ Neuschnee glitzert in der Morgensonne. — **seidenweiche**

Auf den Loipen herrscht ❄❄❄ Betrieb. — **reger**

Die ❄❄❄ Frühaufsteher schieben sich — **abenteuerlustigen**

auf die ❄❄❄ Hochebene. — **sonnige**

❄❄❄ Skikanonen schießen den Hang — **Hartgesottene**

hinunter und machen ❄❄❄ Sprünge. — **halsbrecherische**

Zwei Streithähne beschimpfen sich:

„Du ❄❄❄ Schneemann!" — **talentloser**

„Du ❄❄❄ Apfelsine!" — **saftlose**

nach Bjørn Rune Lie

Schwierige Wörter lesen und verstehen

1 Lies die schwierigen Wörter.

1 Slapsefjell   2 Loipe   3 Skikanone   4 Winterakrobat

5 Idiotenhügel   6 Schanzenrekord   7 Schneescooter

8 Clique   9 Après-Ski

2 Ordne jeder der folgenden Erklärungen ein Wort aus Aufgabe 1 zu.

| 9 | alles, was man nach dem Skifahren macht, denn **après** heißt auf Französisch **nach** oder **danach** |

| 1 | Hochebenen ohne Bäume heißen in Skandinavien **Fjell**. Der Name hier ist aber erfunden. |

| 3 | Bezeichnung für jemanden, der besonders gut Ski fahren kann |

| 2 | gespurte Bahn für Langlaufski |

| 8 | französisches Wort für eine Gruppe von Freunden |

| 6 | die größte Weite, die jemand gesprungen ist |

| 7 | eine Art Motorrad mit Kufen und Skiern für den Schnee |

| 4 | jemand, der Kunststücke im Winter macht |

| 5 | kleiner Hügel, den jeder Anfänger schafft |

3 Lies im **Jo-Jo-Lesebuch** die Seiten 48 und 49 mit dem ganzen Text über den Winterspaß.

Piñata basteln

1 Piñatas sind bunte Figuren aus Papier, die mit Süßigkeiten gefüllt werden.
Du brauchst all diese Dinge, um eine Piñata zu basteln.
Doch in jedem Wort ist eine Silbe zu viel.
Kreise sie ein.

Luftbal(ton)lon	Zeitungspalapier	Schemure
Klebterstoff	Krepplopapier	Tapekutenkleister
Nüswerse	Süßigverkeiten	Paketverband

2 Schreibe die Wörter aus Aufgabe 1 richtig auf.

Luftballon,

3 Was regnet aus den Piñatas herab?
Lies von oben nach unten und finde die Wörter.
Kreise sie ein.

Textabschnitte für eine Bastelanleitung ordnen

(1) Trage die Wörter an der richtigen Stelle ein.

Schnipsel ~~aufpusten~~ Kleister Ballons bunten Süßigkeiten Loch Fransen

☐ Die Streifen in _____ Reihen auf die Piñata kleben. **(L)**

☐ Zum Schluss die Piñata mit den Nüssen und _____
füllen und aufhängen. **(I)**

2 Das Zeitungspapier in _____ reißen und
den Kleister anrühren. **(A)**

☐ An der Öffnung der Piñata rechts und links ein _____
durchstechen und das Paketband durchziehen. **(E)**

1 Den Luftballon *aufpusten* und verknoten. **(B)**

☐ Die Schnipsel in den _____ tauchen und in fünf
Schichten auf den Ballon kleben. Zwei Tage trocknen lassen. **(S)**

☐ Als fünften Schritt das Krepppapier in Streifen schneiden.
_____ in die Streifen schneiden. **(E)**

☐ Nach dem Trocknen den Knoten des _____ abschneiden.
Den Luftballon durch die Öffnung herausziehen. **(T)**

(2) Nummeriere die Abschnitte in der richtigen Reihenfolge.

(3) Schreibe das Lösungswort auf.

1	2	3	4	5	6	7	8

(4) Lies im **Jo-Jo-Lesebuch** den Text auf Seite 57 mehrmals laut.
Fülle die Zeile unten aus.

Ich habe den Text _____ Mal gelesen.   ○ ● ○ ● ○ ●

Zeit vergeht

① Lies den Text mehrmals.

Mit dem Auto um die Welt

Clärenore Stinnes macht 1919 mit 18 Jahren den Führerschein. Zu dieser Zeit gibt es nur wenige Autos. Sie werden auch nur von Männern gefahren. Trotzdem fährt die selbstbewusste Clärenore mit 23 Jahren ihr erstes Autorennen. Ein Jahr später gewinnt sie als einzige Frau unter 53 Männern ein Rennen durch Russland.

Am 25. Mai 1927 startet sie zusammen mit dem Kameramann Carl-Axel Söderström als erster Mensch zu einer Fahrt um die Welt. Sie fahren bei Eis und Hitze, durch Schlamm und Geröll. Oft gibt es gar keine Straßen, Tankstellen oder Werkstätten. Rund zwei Jahre später, am 24. Juni 1929, kommen Stinnes und Söderström wieder in Berlin an. Sie sind durch 23 Länder gereist.

Am 27. Juli 2014 bricht wieder eine Frau zu einer Reise um die Welt auf. Das Besondere: Heidi Hetzer ist bereits 77 Jahre alt und fährt mit einem Auto aus dem Jahr 1930. Als sie 959 Tage später in Berlin ankommt, hat sie viele Pannen und Abenteuer überstanden. Sie wird am Brandenburger Tor mit Fähnchen und Konfetti empfangen und gefeiert.

② Worum geht es in jedem Abschnitt?
Markiere die wichtigsten Wörter und Stellen.

③ Schreibe über jeden Abschnitt eine passende Zwischenüberschrift.

W-Fragen zum Text beantworten

1 Beantworte die **W-Fragen** zum Text auf Seite 28.
Schreibe **ganze Sätze**.

1. **Wann** machte Clärenore Stinnes ihren Führerschein?

Clärenore Stinnes machte 1919 mit ~~Jah~~ ~~vndenfünrerchrsch~~

2. **Wie lange** brauchte Clärenore Stinnes ungefähr, um die Welt zu umrunden?

Sie brauchte 2 Jahre

3. **Was** gab es unterwegs oft nicht?

4. **Wie viele** Tage brauchte Heidi Hetzer, um die Welt zu umrunden?

5. **Warum** ist es toll, was Clärenore Stinnes gemacht hat?

6. **Warum** ist es toll, was Heidi Hetzer gemacht hat?

2 Lies den Text auf Seite 28 mehrmals. Fülle die Zeile unten aus.

Ich habe den Text _____ Mal gelesen.

Hopp, Hopp, Hypersprung

1 Lies den Text mehrmals genau.

Als Helen und Fritz zusammen mit ihrem Cousin Tubs die Ferien verbringen, lernen sie Onkel Grigorian kennen. Dieser hat auf seinem Hof ein geheimnisvolles Büro. Es ist eine Art Raumschiff ...

Onkel Grigorian führte die Kinder über den Hof zu einem benachbarten Steingebäude. Es hatte keine Fenster. Er öffnete mit einem Schlüssel, ließ sie eintreten, schaltete das Licht ein und schloss die Tür wieder hinter sich. Der Raum sah aus wie ein modernes Büro. Es gab drei Polstersessel, einen Drehstuhl, einen Schreibtisch, eine altmodische Schreibmaschine und einen Aktenschrank. Er öffnete den Aktenschrank, doch anstatt eine einzelne Schublade hervorzuziehen, klappte er die ganze Vorderfront auf und ein Paneel mit Schaltern und Knöpfen kam zum Vorschein. Er betätigte scheinbar willkürlich einige davon, dann schloss er die Schranktür wieder.
„Fällt euch etwas auf?"
Helen sah sich um. „Die Wände sind plötzlich dunkel", sagte sie.
„Seht nach oben!", sagte Onkel Grigorian.
Sie taten, was er sagte, und – sahen Sterne, Millionen von Sternen, viel mehr als gewöhnlich und viel heller obendrein. Da war noch etwas am Himmel: ein riesiger Planet, viermal so groß wie der Mond, blau und in weiße Wolken gehüllt. „Wir sind auf dem Mond!", rief Tubs aufgeregt.
Ken Follett

2 Überfliege den Text mit den Augen. Markiere die folgenden Wörter mit verschiedenen Farben und trage die jeweilige Anzahl ein.

ein: ☐   eine: ☐   einen: ☐   sie/Sie: ☐   und: ☐

Wörter einfügen und Satzhälften verbinden

1 Lies und füge die Wörter vom Rand in die Sätze ein.
Markiere dazu die Stelle immer mit einem Strich.

Sie sahen Landschaft, die ein|an eine Wüste erinnerte.	wenig
Die Kinder kniffen die Augen zusammen.	drei
Konnte es etwa wirklich der sein?	Mond
Fritz dachte, es sei alles eine Projektion.	nur
Tubs war sicher, auf dem Mond zu sein.	gelandet
Er stieß ein Lachen aus.	ungläubiges
Onkel Grigorian öffnete Aktenschrank und drückte Knöpfe.	den
Plötzlich waren die des Farmgebäudes wieder da.	Wände

2 Welche Satzhälften gehören zusammen? Verbinde.
Tipp: Nimm verschiedene Farben für die Sätze.

Diesmal blieben die Wände und	nach draußen.
Neben der Tür	die Decke unverändert.
Fritz sah	die Tür und trat nach draußen.
„Trafalgar Square!",	mitten in London wieder.
Onkel Grigorian lächelte	rief er.
„Hier könnt ihr nach draußen gehen",	ihn an.
Fritz starrte	und schwieg.
Dann öffnete er	erschien ein Fenster.
Er fand sich	in das Büro des Onkels zurück.
Benommen kehrte er später	antwortete Onkel Grigorian.

3 Lies im **Jo-Jo-Lesebuch** die Seiten 68 bis 70 mit dem ganzen Text.

Das bin ich

① Lies die langen Wörter Zeile für Zeile.
Tipp: Decke die Wörter mit einem Blatt ab.
Schiebe das Blatt dann Zeile für Zeile herunter und lies.

Sommer
Sommermädchen
Sommermädchenküsse

Hüfte
Hüfteschwinge
Hüfteschwingeschlender
Hüfteschwingeschlendergang

Zucker
Zuckerschnuckel
Zuckerschnuckelpützel
Zuckerschnuckelpützelkindchen

Murmel
Murmelriesel
Murmelrieselplauder
Murmelrieselplauderplätscher
Murmelrieselplauderplätscherquelle

② Zeichne Silbenbögen in die Wörter ein.

③ Lies die Wörtertreppen mehrmals. Lies sie jedes Mal flüssiger.

④ Fülle die Zeile unten aus.

Ich habe die Wörter _____ Mal gelesen.

Texte vergleichen und Unterschiede finden

① Lies die beiden Texte genau.

② Markiere im rechten Text die zwölf Wörter, die anders sind.

Der Esel

Einmal kam ein Nachbar zu Nasreddin und sagte: „Nasreddin, du weißt: Ich bin dein Freund."
„Wenn du es sagst, wird es wohl wahr sein", antwortete Nasreddin.
„Und mein Freund möchte bestimmt etwas von mir."
„Ja, so ist es", sagte der Nachbar. „Könntest du mir deinen Esel für zwei Tage ausleihen?"
Nasreddin, der das Tier nicht hergeben wollte, sagte: „Ich habe den Esel leider bereits verliehen. Er ist nicht im Stall."
In diesem Moment schrie der Esel im Stall laut „Iah". Der Nachbar sagte: „Dein Esel ist doch da! Ich höre ihn rufen!"
„Du glaubst also einem Esel mehr als mir?", sagte Nasreddin vorwurfsvoll.
„Und so was will ein Freund sein!"
Paul Maar

Der Esel

Einmal kam kein Nachbar zu Nasreddin und sagte: „Nasreddin, du weißt: Ich bin dein Nachbar."
„Wenn du es sagst, wird es wohl wahr sein", brummte Nasreddin.
„Und mein Freund möchte bestimmt etwas von mir."
„Ja, so ist es", sagte der Freund. „Könntest du mir deinen Esel für drei Tage ausleihen?"
Nasreddin, der das Tier nie hergeben wollte, sagte: „Ich habe den Esel leider bereits verkauft. Er ist nicht im Stall."
In diesem Augenblick schrie der Esel im Stall laut „Aua". Der Nachbar sagte: „Dein Esel ist doch da! Ich höre ihn singen!"
„Du glaubst also meinem Esel mehr als mir?", sagte Nasreddin verwundert.
„Und so was will ein Freund sein!"

③ Kreuze die drei richtigen Aussagen zum linken Text an.

☐ Nasreddin und sein Freund sind Nachbarn.
☐ Nasreddins Nachbar will seinen Esel kaufen.
☐ Seinen Esel will Nasreddin nicht hergeben.
☐ Der Nachbar hört den Esel im Stall schreien.
☐ Zum Schluss will der Nachbar nicht mehr Nasreddins Freund sein.

Zwischenüberschriften finden

① Lies nur die gelben Sätze.
So bekommst du einen ersten Eindruck vom Text.

② Lies nun den ganzen Text.

Die Flucht

Ich wohne mit meiner Familie in einer Stadt nahe beim Meer.
Jeden Sommer haben wir viele Wochenenden am Strand verbracht.
Doch da gehen wir jetzt nicht mehr hin, denn letztes Jahr hat sich unser Leben für immer verändert.

Der Krieg brach aus. Jeden Tag geschahen schreckliche Dinge um uns herum, und bald schon war alles ein einziges Chaos. Eines Tages nahm der Krieg uns Papa weg. Seither ist alles dunkler geworden, und meine Mama macht sich immer größere Sorgen.

Vor ein paar Tagen erzählte eine Freundin meiner Mama, dass viele Leute das Land verließen und versuchten, in ein anderes Land zu flüchten.
Ein Land weit weg von hier mit hohen Bergen.
„Was ist das für ein Land?", fragen wir Mama.
„Dort ist man in Sicherheit", sagt sie.

Wir wollen nicht weggehen, aber Mama sagt, das werde ein großes Abenteuer.
Wir packen alles, was wir besitzen, in Koffer und sagen allen, die wir kennen:
„Auf Wiedersehen."

Francesca Sanna

③ Schreibe zu jedem Abschnitt eine Zwischenüberschrift auf.

Kinder haben Rechte

1 Lies, welche Rechte Kinder haben.

1. Recht auf Gleichbehandlung, unabhängig von Religion, Herkunft, Hautfarbe oder Geschlecht
2. Recht auf Gesundheit
3. Recht auf Bildung
4. Recht auf Spiel und Freizeit
5. Recht auf Schutz vor Gewalt und Ausbeutung
6. Recht auf Schutz im Krieg und auf der Flucht

2 Schreibe zu jeder Sprechblase die Nummer eines Rechtes, das verletzt wird. Manchmal gibt es mehrere Möglichkeiten.

> Seit ich neun Jahre alt bin, muss ich jeden Tag zwölf Stunden in einer Fabrik arbeiten.

> In meinem Land ist Krieg. Ich habe jeden Tag Angst, dass meiner Familie etwas Schlimmes passiert.

> Ich habe vier Brüder, aber keine Schwester. Als Mädchen darf ich nicht in die Schule gehen, weil ich im Haushalt helfen muss.

> In meinem Dorf gibt es kaum sauberes Wasser. Das schmutzige Wasser macht viele Leute krank.

> Ich bin 7 Jahre alt. Da meine Familie so weit entfernt von der Krankenstation lebt, wurde ich als kleines Kind nicht geimpft. Jetzt bin ich acht Jahre alt und habe eine schlimme Krankheit: Kinderlähmung.

> Mein Land hat einen Konflikt mit dem Nachbarland. Ich bin 13 Jahre alt. Ein Hauptmann der Armee kam vorbei. Er will, dass ich für mein Land kämpfe.

Tieren auf der Spur

1 Lies den Text genau.

James und der Riesenpfirsich

Der Junge James entdeckt im Garten einen riesigen Pfirsich. Als er ein Loch im Pfirsich sieht, kriecht er hinein und macht eine ungeheuerliche Entdeckung.

Ein alter grüner Grashüpfer, so groß wie ein großer Hund, saß da in einem Lehnsessel. Und neben dem alten Grashüpfer saß eine enorme Spinne.
5 Und neben der Spinne ein Riese von Marienkäfer. Auf einem Sofa daneben räkelten sich ein Tausendfüßler und ein Regenwurm. In einer Ecke auf dem Boden lag etwas Dickes, Weißes,
10 das einer Seidenraupe glich.
Jedes einzelne Geschöpf war mindestens so groß wie James selbst, und in dem geisterhaft grünlichen Licht, das von irgendwo von der Decke herab-
15 schien, sahen sie alle miteinander einfach furchterregend aus.
„Du brauchst keine Angst zu haben", sagte der Marienkäfer freundlich. „Ich bin Marie Käfer, und wir denken nicht
20 im Traum daran, dir etwas zu tun. Du gehörst jetzt zu uns. Hast du das nicht gewusst?"
„Wir haben schon den ganzen Tag lang auf dich gewartet", fuhr der alte grüne
25 Grashüpfer fort. „Wir sind froh, weil du es doch geschafft hast. Wir müssen endlich schlafen gehen. Wir haben morgen einen anstrengenden Tag vor uns. Würden Sie bitte so gut sein und
30 die Betten machen, Frau Spinne?"
Ein paar Minuten später hatte Frau Spinne schon das erste Bett gemacht. Es hing an Fäden von der Decke herunter und sah eigentlich mehr wie
35 eine Hängematte aus. „Ich hoffe, es ist bequem", sagte Frau Spinne. „Ich habe es so weich und seidig gesponnen, wie ich nur konnte."

Roald Dahl

2 Kreuze die Bilder an, die zum Text passen. **Tipp:** Es sind sechs Bilder.

Überfliegend lesen und Wortgruppen finden

1 Finde und markiere im Text auf Seite 36 diese Wortgruppen.

wie ein großer Hund   etwas Dickes, Weißes   grünlichen Licht

weich und seidig gesponnen   Und neben der Spinne

wie James selbst   einfach furchterregend   Wir sind froh

Ein paar Minuten   endlich schlafen gehen   sagte Frau Spinne

2 Notiere in Aufgabe 1 die Zeilennummern des Textes.

3 Welche Wörter findest du im Text? Kreuze an.

- Seidentuch
- Seidenraupe
- Seidenspinner
- Grashüpfer
- Grashalm
- Grasspinne
- Regenwetter
- Regenwurm
- Regentonne
- Hängemotte
- Hängematte
- Turnmatte
- Turm
- Traum
- Tanz

4 So kann man die Sätze schlecht lesen.
Zeichne Striche ein. Lies die Sätze dann mehrmals.

MittenimGartenragtederRiesenpfirsichauf.

DerPfirsichsahauswieeingewaltigerBall.

Erlagreglosundgeheimnisvollundwunderbarimgras.

5 Lies im **Jo-Jo-Lesebuch** die Seiten 92 und 93 mit dem ganzen Text.

Texte vergleichen und Unterschiede finden

1 Lies die beiden Texte genau.

2 Markiere im rechten Text die Wörter, die anders sind.
Tipp: Es sind acht Wörter.

Die kleinen und die großen Fische

„Wir sind die Schrecken der Tiefe",
prahlten die großen Fische.
„Alle leben in Furcht vor uns; wir aber
fürchten nichts. Ihr kleinen Fische seid
nichts wert. Ihr könnt nicht kämpfen
und seid leicht zu fangen."
In diesem Augenblick ließen die Fischer
ein neues Netz herunter und die großen
Fische wurden schnell gefangen,
hinaufgezogen und ins Schiff befördert.
Die kleinen Fische konnten durch
die weiten Maschen des Netzes
entkommen.

Äsop, nacherzählt von Rudolf Hagelstange

Die kleinen und die großen Frösche

„Wir sind die Schnecken der Tiefe",
prahlten die großen Fische.
„Alle leben in Frucht vor uns; wir aber
fürchten nichts. Ihr kleinen Fische seid
nichts wert. Ihr könnt nicht kämpfen
und seid schwer zu fangen."
In diesem Moment ließen die Fischer
ein neues Netz herunter und die großen
Fische wurden schnell gefangen,
hinaufgeholt und ins Boot befördert.
Die kleinen Fische konnten durch
die weiten Maschen des Netzes
entfliehen.

3 In jeder Zeile findest du ein Wort, das nicht passt.
Kreise es ein.

Schrecken Schrecken Schrecken (Schnecken) Schrecken

Tiefe Tiefe Tiefe Tiefe Tiere Tiefe Tiefe Tiefe Tiefe Tiefe

kämpfen kämpfen kämpfen kämpfen kämmen kämpfen

Fischer Fischer Tischler Fischer Fischer Fischer Fischer Fischer

gefangen gefangen gefangen gefangen gefangen gehangen gefangen gefangen

befördert befördert befördert befördert gefördert befördert befördert befördert befördert

Über einen Text nachdenken

1 Kreuze die richtigen Aussagen zum Text auf Seite 38 an.

☐ **F** Es kommen Tiere vor, die sprechen können.

☐ **A** Die Tiere verhalten sich wie Menschen.

☐ **M** Es gibt lustige Figuren aus dem Weltall.

☐ **B** Man kann aus dem Text etwas lernen.

☐ **E** Es ist eine kurze Erzählung.

☐ **L** Die Tiere im Text können wie Menschen sein, zum Beispiel böse.

Wir sind die Schrecken der Tiefe.

2 Notiere das Lösungswort aus Aufgabe 1. So heißt die Textsorte.

Lösungswort: _____

3 Schreibe in Sätzen auf, was du denkst.

1. Wer ist in Wahrheit stärker? Die großen oder die kleinen Fische?

Ich denke, dass _____

_____

2. Begründe deine Meinung zu Frage 1.

_____

_____

_____

3. Was kann man aus der Fabel mit den Fischen lernen?
Schreibe einige Sätze dazu.

_____

_____

_____

_____

Frühlingsduft

① Wie oft findest du das Wort **Hering**?
Kreise ein und zähle.

Ich finde _____ Mal das Wort **Hering**.

② Lies die Sätze mehrmals. So ergeben sie noch keinen Text.

③ Nummeriere die Sätze in der richtigen Reihenfolge.

☐ Du willst wissen, warum die Leute so einen Unsinn machen?

[1] Eine Beerdigung ist eigentlich eine traurige Angelegenheit.

☐ Manchmal sind sie dann froh, dass diese Zeit zu Ostern vorbei ist.

☐ In Irland gibt es aber zu Ostern eine lustige Beerdigung.

☐ Es wird ein Hering beerdigt.

☐ In der Fastenzeit haben viele nämlich kein Fleisch, sondern immer Fisch gegessen.

☐ Sie freuen sich, dass sie keine Heringe mehr essen müssen.

☐ So entstand der Brauch, einen Hering zu beerdigen.

Texte genau lesen und verstehen

1 Lies die Texte genau.

Hexen in Schweden

Zu Ostern verkleiden sich in Schweden viele Kinder als Hexen. Auf Schwedisch: **påskkärringar**. Die Hexen ziehen dann meist in Gruppen von Haus zu Haus. Oft haben sie Töpfe dabei, in denen sie Süßes sammeln.

Wasserschlacht in Polen

Am Ostermontag machen viele Menschen in Polen eine riesige Wasserschlacht. Dies ist ein seltsamer Brauch, den es schon lange geben soll. Keiner weiß, wie er entstanden ist. Die riesige Wasserschlacht wird **śmigus dyngus** genannt. Man nimmt dazu Wasserpistolen, Wasserbomben oder auch einfach einen Eimer.

2 Kreuze an.

	ja	nein
In Polen verkleiden sich einige Kinder als Hexen.	☐	☐
Śmigus dyngus soll es in Polen schon lange geben.	☐	☐
Beim **påskkärringar** sammeln Kinder Süßigkeiten.	☐	☐
In Polen haben sie Töpfe dabei.	☐	☐
Ostermontag sind in Polen Kinder mit Wasserpistolen unterwegs.	☐	☐
Man weiß nicht, woher der Brauch **śmigus dyngus** stammt.	☐	☐
In Schweden gibt es zu Weihnachten ein Fest für Hexen.	☐	☐
Wasserbomben sind in Polen verboten.	☐	☐

 3 Lies nun mehrmals im **Jo-Jo-Lesebuch** die Seite 102. Fülle die Zeile unten aus.

Ich habe den Lesebuchtext _____ Mal gelesen. ☐ 🟢 ☐ 🟡 ☐ 🔴

Eine Abbildung (Zeitleiste) zum Verstehen nutzen

1 Lies den Text.

Henne oder Ei – was war eigentlich zuerst da?
Wir gehen ein paar tausend Jahre zurück, bis in
das Jahr 2500 vor Christus. Aus dieser Zeit gibt es
Beweise, dass Menschen Hühner hatten.
Das Bankivahuhn ist eines dieser frühen Hühner.
Natürlich hat es schon Eier gelegt.

In China hat man Eier von Dinos gefunden.
Sie stammen aus der Kreidezeit. Diese war
vor 135 Millionen Jahren. Selbst die Dinos,
die vor 230 Millionen Jahren lebten, haben schon
Eier gelegt. Da gab es noch gar keine Hühner.

2 Was meinst du nun? Kreuze an.

☐ Das 🐔 war zuerst da.

☐ Das 🥚 war zuerst da.

3 Verbinde jedes gelbe Schild mit der passenden Stelle in der Zeitleiste.
Alle Infos dazu findest du im Text oben.

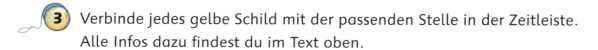

| damals lebten die ältesten Dinos, die schon Eier legten | aus dieser Zeit stammt das Bankivahuhn | Kreidezeit; Eier von Dinos gefunden |

4 Lies im **Jo-Jo-Lesebuch** den Text auf Seite 103.

Wörter in einem Text finden

1 Lies den Text.

Narziss war der Sohn eines Gottes. Er war sehr schön.
Das wusste er auch und er fand es toll, von anderen
Menschen bewundert zu werden. Narziss selbst mochte eigentlich
niemanden und er war sehr unfreundlich zu anderen Menschen.
Eines Tages erblickte er in einem See ein so schönes Gesicht,
dass er sich sofort darin verliebte. Lange schaute er immer
wieder begeistert in das Wasser. Da merkte er, dass es sein
eigenes Spiegelbild war, in das er sich verliebt hatte.
Voller Verzweiflung starb Narziss an der Stelle.
Dort wuchs später eine wunderschöne Blume,
die man „Narzisse" nannte.

Narzissen blühen bis heute in unseren Gärten,
wenn der Frühling gekommen ist. Diese Blume war früher
ein Symbol, das heißt ein Zeichen, für Eitelkeit.

2 Kreuze alle Wörter an, die du oben im Text findest.
Tipp: Markiere sie vorher im Text. Es sind acht Wörter.

☐ freundlich	☐ verliebt	☐ Meer	☐ Spiegel
☐ Gott	☐ Garten	☐ See	☐ Verzweiflung
☐ Blume	☐ Zeichen	☐ Sohn	☐ Göttin
☐ später	☐ früher	☐ nie	☐ Eitelkeit

3 Schreibe einen Satz: Warum war die Narzisse früher
ein Zeichen für Eitelkeit?

Die Narzisse war ein Zeichen für Eitelkeit, weil

_____

_____

4 Lies im **Jo-Jo-Lesebuch** die Seite 104.

Schau mal

1 Lies den Text genau.

Zarah

*Es waren einmal vier Freundinnen und eine Freundin dazu.
Anke, Berit, Cordula, Dorothea und Zarah. Einmal gingen sie in den Wald …*

Kaum waren sie hundert Meter gegangen, flitzte etwas Kleines an ihnen vorbei.
„Hast du das gesehen, Zarah?", fragte Anke und zeigte nach oben.
„Das war der gefürchtete Baumtroll Ogill, der hat Krallen bis hierhin und Haare bis dahin und sein Hintern ist genau dort, wo sein Kopf sein sollte, und sein Kopf, wo sein Hintern sein sollte."
Die Freundinnen machten Ihh und Ähh, und Zarah schaute in die Bäume und machte überrascht Ach.

Sie kamen an eine Brücke, unter der ein modriger Bach verlief.
Aus dem Schlamm schaute eine Kröte hervor. „Oho, jetzt ist es vorbei", sagte Berit, „hast du das gesehen, Zarah, da im Bach, diese komischen Augen? Die gehören dem Schlammfresser Feggel. Feggel hat hier zwei Augen und dann noch mal zehn Augen, die alle auf seiner Zunge drauf sind, und wenn er seine Zunge rausstreckt und dich ansieht, dann bist du verloren."
Die Freundinnen rannten kichernd über die Brücke, nur Zarah schaute auf den Bach und das Wasser hinunter und machte Ach.

Zoran Drvenkar

2 Welche Monster sind hier abgebildet? Kreuze an.

- [ ] Freggel
- [ ] Achill
- [ ] Feggel
- [ ] Ogill

- [ ] Ogill
- [ ] Muggel
- [ ] Aggi
- [ ] Feggel

Monster im Wald

1 Stimmt es oder stimmt es nicht?
Lies die Sätze zum Text auf Seite 44. Kreuze an.

	ja	nein
Der Troll Ogill ist beliebt und lebt im Wald.	☐	☐
Ogill ist so groß wie ein Baum.	☐	☐
Ogill hat Quallen unter den Füßen und kurze Haare.	☐	☐
Der Hintern von Ogill ist da, wo sein Kopf sein sollte.	☐	☐
Der Kopf von Ogill ist da, wo die Füße sein sollten.	☐	☐
Zarah hat Angst und macht *Ihh* und *Ähh*.	☐	☐
Zarahs Freundinnen machen *Ihh* und *Ähh*.	☐	☐
Feggel sieht aus wie eine Kröte und lebt im Bach.	☐	☐
Feggel hat zehn Augen auf seiner Lunge.	☐	☐
Wenn Feggel seine Zunge rausstreckt, hast du gewonnen.	☐	☐

2 Nummeriere die Teile des Satzes. Schreibe den Satz richtig auf.

☐ und SCHNAPPT dich. ☐ Wenn der Erdteufel riecht,

☐ dass jemand über ihm läuft, ☐ dann SCHIEẞT er aus der Erde

_____

_____

_____

3 Lies den Text auf Seite 44 mehrmals. Fülle die Zeile unten aus.

Ich habe den Text _____ Mal gelesen.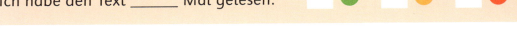

4 Lies im **Jo-Jo-Lesebuch** die Seiten 112 bis 115 mit dem ganzen Text.

Farben erleben

1 Lies den Text genau.

2 Male die Bilder in den passenden Farben aus.

Gelb schmeckt nach Senf

Für Thomas schmeckt die Farbe Gelb nach Senf,
und sie ist so weich wie der Flaum von Küken.
Die Farbe Rot ist so süß wie eine Erdbeere und so saftig
wie die Wassermelone, und sie tut weh, wenn sie aus
einem abgeschürften Knie quillt. Die Farbe Braun raschelt
unter den Füßen, wenn die Blätter vertrocknet sind.
Manchmal duftet sie nach Schokolade und manchmal
riecht sie sehr schlecht. Thomas sagt, dass Blau die Farbe
des Himmels ist, wenn die Sonne seinen Kopf wärmt.
Aber der Himmel wird weiß, wenn die Wolken beschließen,
ihn zuzudecken, und es zu regnen beginnt. Wasser allein ist
für Thomas nichts Besonderes. Es hat weder Farbe noch
Geschmack noch Geruch. Er sagt, dass die Farbe Grün nach frisch
gemähtem Gras duftet und nach Pfefferminzeis schmeckt.
Schwarz ist die Königin der Farben. Sie ist so weich wie Seide,
wenn seine Mama ihn umarmt und mit ihren Haaren umhüllt.
Thomas mag alle Farben, weil er sie hören, riechen, fühlen
und schmecken kann.

Menena Cottin

3 Unterstreiche die Wörter für Farben im Text mit passenden Farbstiften. Die Farbe Weiß musst du nicht unterstreichen.

4 Was ist mit diesem Satz gemeint? Kreuze an.

Die Farbe Rot tut weh, wenn sie aus einem abgeschürften Knie quillt.

☐ Es tut weh, wenn man über einen roten Eimer stolpert.

☐ Es tut weh, wenn man sich das Knie verletzt und es blutet.

☐ Es tut weh, wenn man sich an einer frisch gestrichenen roten Wand stößt.

Farben sind wie …

1 Wie sind die Farben für Thomas?
Lies im Text auf Seite 46 nach und schreibe Stichwörter dazu.

2 Woran erinnert **dich** jede Farbe? Schreibe Stichwörter dazu.

Gelb

Senf, Flaum von Küken,

Rot

Braun

Blau

Weiß

Grün

Freizeit

1 Lies den Text mehrmals.

Hobbys in aller Welt: James und Santino

James lebt auf Haiti. Dies ist ein Staat auf einer Insel in der Karibik. James hat ein Hobby, bei dem er viel trainieren muss. Seine große Leidenschaft ist nämlich das Ballett. Auf einem Bein, das andere angewinkelt und die Arme gerade nach oben gestreckt, das wäre für viele eine ganz schön wackelige Haltung. Für James ist das nur eine von vielen Posen, die er gut kann. Weil er so begabt ist, braucht er für den Tanzunterricht nichts zu bezahlen.

Santino lebt in Argentinien. Dies ist ein großes Land in Südamerika, das über 12.000 Kilometer von Deutschland entfernt ist. Santino kann nicht hören, nicht sprechen und kaum gehen. Trotzdem voltigiert er wie ein Profi. Dabei macht Santino Kunststücke auf einem Pferd.

2 Schreibe die markierten Wörter auf.

James, Haiti,

3 Decke den Text ab. Erzähle einem Kind mit Hilfe der Wörter aus Aufgabe 2, was du im Text erfahren hast.

Wichtige Wörter markieren

(1) Lies den Text mehrmals.

Hobbys in aller Welt: Dana und Ajit

Dana lebt in Israel, über 4.000 Kilometer von Deutschland entfernt. Sie interessiert sich sehr für die Vergangenheit. Als Freiwillige gehört sie zu einem Team, das im Boden der Stadt Jerusalem nach Spuren der Vergangenheit sucht. Dana muss vorsichtig und geduldig sein. Sie hat schon einen tollen Fund gemacht: ein Tonstück, das vor 3.500 Jahren zu einem alten ägyptischen Schmuckstück gehörte.

Ajit lebt in Indien, fast 7.000 Kilometer von Deutschland entfernt. Er macht gerne etwas, das andere mit dem Fahrrad machen: den Lenker in die Luft reißen, das Gewicht nach hinten verlagern und einige Meter auf dem Hinterrad fahren. Ajit beherrscht dieses Kunststück, das man „Wheelie" nennt. Er macht den Trick aber mit einem Traktor, der zwei Tonnen wiegt.

(2) Markiere im Text die wichtigsten Stichwörter.

(3) Schreibe deine wichtigen Stichwörter auf.

_____

_____

_____

_____

_____

_____

(4) Decke den Text ab. Erzähle einem Kind mit Hilfe der Wörter aus Aufgabe 3, was du im Text erfahren hast.

Stolperwörter finden

1 Lies die Sätze. Streiche in jedem Satz das Stolperwort.

Infos über das Spielen

Der Spieltrieb ist uns angeboren ~~blöd~~ – und macht schlau.

Kinder lernen so, sich und ihre Umwelt gestern zu entdecken.

„Mehen" ist vielleicht das älteste Brettspiel der Welt sägen.

Es wurde vor 5.000 Jahren in unter Ägypten erfunden.

Das Spiel sah aus modern wie eine aufgerollte Schlange.

Das Lieblingsspielzeug immer der meisten Kinder ist der Ball.

Der Computer steht fliegt erst an zweiter Stelle.

Bei schlechtem Wetter sollte man Eis eine Regenjacke anziehen.

Das Spielen ist wichtig traurig für jedes Kind.

2 Ein Satz passt nicht in den Text. Markiere ihn.

3 Erkläre den Satz:
Der Spieltrieb ist uns angeboren – und macht schlau.

_____

_____

_____

4 Lies den Text jetzt mehrmals ohne die Stolperwörter.

5 Fülle die Zeile aus.

Ich habe den Text _____ Mal gelesen.   ● ● ●

6 Lies nun im **Jo-Jo-Lesebuch** die Seite 126.

Oware

(1) Das Brettspiel **Oware** kannst du selbst basteln.
Lies, wie es geht.

Du brauchst:
- 2 Eierkartons für je 6 Eier (ohne Deckel),
- 1 Fotokarton (DIN A4), Klebstoff, Farben,
- 48 gleich große Spielsteine (zum Beispiel Bohnen)

Vorbereitung:
1. Male die Eierkartons bunt an. Lass sie trocknen.
2. Klebe beide Eierkartons hintereinander auf den A4-Karton, sodass ein Spielfeld aus zwei Reihen mit je sechs Kuhlen entsteht.
3. Lege in jede Kuhle vier Spielsteine.

(2) Welches Bild zeigt das richtige Spielfeld?
Male es farbig aus.

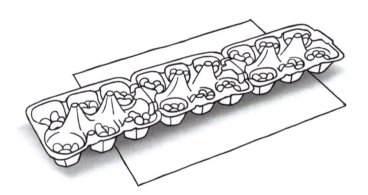
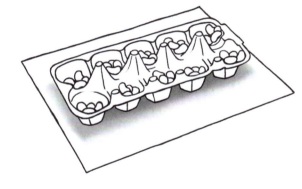
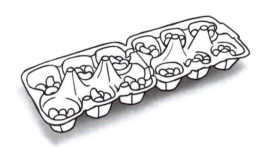
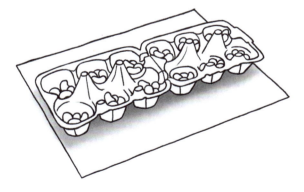

(3) Lies nun im **Jo-Jo-Lesebuch** die Seite 127 mit den Spielregeln.

(4) Erkläre das Spiel einem Partnerkind.

Medien

① Lies den Text genau.

Lisa surft im Internet

> Lisa recherchiert für ein Referat zum Thema Hunde. Dabei klickt sie viele Seiten im Internet an.

> Sie hat sich auf einer Seite mit einem Fantasienamen angemeldet, um sich mit einer Hundezüchterin im Internet zu unterhalten. Lisa schreibt ihr viele Fragen, die die Frau beantwortet.

> Sie empfiehlt ihr eine Internetseite, auf der ein Mädchen ein Tagebuch über ihren Hund geschrieben hat.

> Als Lisa alle Informationen für ihr Referat gefunden hat, schreibt sie ihrer Freundin eine SMS. Sie will sich mit ihr treffen.

② Ordne die Streifen den Sätzen oben zu. Male sie in derselben Farbe an. **Tipp:** Eine Farbe brauchst du für zwei Textstreifen.

chatten: sich im Internet „unterhalten" und jemandem in einem Chatroom eine Nachricht schreiben
Chat: eine „Unterhaltung" im Internet

simsen: eine SMS schreiben

Nickname: Fantasiename, der dazu dient, die eigenen Daten zu schützen

bloggen: im Internet ein Tagebuch schreiben
Blog: eine Art Tagebuch im Internet

surfen: sich im Internet von Seite zu Seite klicken und Informationen suchen

Computer-Wörter im Suchsel finden

1 Finde die versteckten Wörter so → und so ↓. Kreise sie ein.

scrollen   ~~Chat~~   surfen   simsen   Nickname   Blog   Internet

Meinen richtigen Namen sollen Fremde nicht wissen!

N	O	B	I	L	A	T	Z	O	S
I	K	L	O	Z	S	M	S	T	C
C	H	O	R	T	I	Z	T	O	R
K	I	G	U	Z	M	U	C	L	O
N	E	C	H	W	S	L	H	V	L
A	S	U	R	F	E	N	A	I	L
M	O	Z	V	I	N	O	T	U	E
E	L	N	O	P	B	R	U	G	N
P	I	N	T	E	R	N	E	T	G

2 Lies und kreuze nur die richtigen Sätze an.

☐ Im Internet kann man viele Seiten anklicken.
☐ Ein Chat ist so etwas wie eine Unterhaltung im Internet.
☐ Ein Jogger führt ein Tagebuch im Internet.
☐ Ein Nickname ist ein besonderer Nachname.
☐ Wer simst, schickt jemandem eine lange Nachricht.
☐ Im Internet kann man ohne Surfbrett surfen.
☐ Eine SMS ist eine geschriebene kurze Nachricht.

3 Lies im **Jo-Jo-Lesebuch** die Seite 134.

4 Kannst du nun erklären, was ein **Glossar** ist?
Tipp: Achte auf die Überschrift der Lesebuchseite 134.

Ein Glossar ist _____

Das Internet

1 So stimmen die Sätze nicht. Nummeriere die Teile in der richtigen Reihenfolge.

[ ] [ ] [ ] [ ] [1]

ist   aus Kabeln   und Funksignalen.   ein riesiges Netz   Das Internet

[ ] [ ] [ ] [ ] [ ]

senden.   Nachrichten,   Du kannst   Musik, Videos und Bilder   um die Welt

2 Schreibe die Sätze aus Aufgabe 1 richtig auf.

Das Internet _____

_____

_____

3 Lies und streiche in jedem Satz das Stolperwort.

Das Internet – ein riesiger Datenspeicher

Im Internet werden laufend viele Daten ~~Rechenaufgaben~~ gesammelt.

Man kann sehen, welche Internetseiten du geträumt zuletzt besucht hast.

Auch wie lange du auf einer Seite Urlaub warst, kann man sehen.

Es wird gespeichert, wenn du klebrig im Internet Produkte angesehen hast.

Auch wird gespeichert, wenn deine Katzen Eltern für dich etwas bestellt haben.

Im Internet kann man also viele Spuren Affen hinterlassen.

Pass also genau auf, welche Informationen du verloren bekannt gibst.

4 Lies den Text von Aufgabe 3 ohne die Stolperwörter mehrmals.
Fülle die Zeile unten aus.

Ich habe den Text _____ Mal gelesen.   □ ● □ ● □ ●

5 Lies im **Jo-Jo-Lesebuch** die Seite 138.

Vorbereitend zu Jo-Jo-Lesebuch 4, Kapitel 12, Seite 138:
Sätze rekonstruieren und richtig aufschreiben, Stolperwörter in Sätzen streichen,
wiederholtes Lesen, Selbsteinschätzung

Regenbogenpost – eine Schülerzeitung

1 Nur eines der fett gedruckten Wörter stimmt jeweils.
Lies und unterstreiche immer das Wort, das passt.

Einmal in der Woche **trifft besucht** sich die Redaktion der Schülerzeitung.
Die **Redaktion Mannschaft** besteht aus ungefähr 12 Schülerinnen und Schülern
aus dem dritten und vierten Schuljahr. Zuerst werden **Pilze Themen** gesammelt,
über die berichtet werden soll. Dann geht es an die **Freizeit Arbeit**. Die Kinder
erklären sammeln möglichst viele Informationen zu ihrem Thema – sie recherchieren.
Manchmal gehen sie auch raus und **befragen betrügen** Leute. Dann schreiben sie
den **Artikel Brief** und suchen passende **Geschenke Bilder**. Später wird besprochen,
ob die Artikel **kurz gut** sind und welcher Artikel auf welcher **Lage Seite** der Zeitung
erscheinen soll. Am Ende werden die Seiten **ausgedruckt ausgeschnitten** und kopiert.

2 Nummeriere die Sätze in der richtigen Reihenfolge.
Tipp: Der Text oben kann dir helfen.

☐ Dann sammeln die Kinder Informationen zu ihrem Thema.

☐ 1 Die Redaktion trifft sich einmal in der Woche.

☐ Gemeinsam wird besprochen, ob die Artikel gut sind.

☐ Manchmal werden auch Leute zu einem Thema befragt.

☐ Anschließend werden die Artikel geschrieben und passende Bilder ausgesucht.

☐ Es muss auch geklärt werden, welcher Artikel auf welcher Seite erscheint.

☐ Zuerst werden Themen gesammelt, über die berichtet werden soll.

☐ Zum Schluss werden die Seiten ausgedruckt und kopiert.

3 Lies die Sätze von Aufgabe 2 in der richtigen Reihenfolge mehrmals laut.
Fülle die Zeile unten aus.

Ich habe die Sätze _____ Mal gelesen.   🟢 🟠 🔴

Sommerhitze

(1) Lies die beiden Texte.

Wer war die Mittagsfrau?

Die Mittagsfrau war ein böser Geist – so erzählt man. Im Sommer, wenn die Hitze am größten war, ging sie über die Felder und suchte sich ein Opfer. Es war in Not, wenn es nicht ihre Rätsel lösen oder vom Flachs erzählen konnte. Natürlich gibt es sie aber nicht wirklich!

Aus der Sage „Die Mittagsfrau"

Einmal überraschte sie eine arme Magd,
die in der Mittagspause ihr eigenes Stück Feld jätete.
„Erzähl vom Flachs!", befahl das böse Weib.
Hanka, die Magd, war klug und wusste viel vom Flachs.
Sie stimmte einen langsamen, gedehnten Singsang an:
„Jaaa, mit dem Flachs ist das so: Er braucht sehr,
sehr gute Pflege."
Die Mittagsfrau hörte von der Vorbereitung des Ackers,
der Aussaat, dem Jäten, Raufen, Bündeln, Riffeln, Dreschen,
Wässern, Trocknen, Dörren, Brechen, Hecheln.
Jetzt wollte Hanka vom Rockenbinden, Spinnen,
Weben und Bleichen reden.
Da schlug die Glocke eins!
Die Mittagsfrau war besiegt!

Aus einer sorbischen Sage, erzählt von Annemarie Britz

(2) Markiere mit einer Farbe,
wovon die Mittagsfrau hörte.

(3) Markiere mit einer anderen Farbe,
wovon Hanka, die Magd, noch reden wollte.

Besondere Verben kennenlernen

1 Was bedeuten die Wörter aus dem Text? Kreuze an. Die Bilder helfen dir.

1. jäten
   - [ ] Essen kochen (M)
   - [ ] Unkraut entfernen (S)

2. raufen
   - [ ] Flachs ernten (O)
   - [ ] laut schreien (I)

3. bündeln
   - [ ] einen Bund machen (M)
   - [ ] ein Ratespiel machen (N)

4. riffeln
   - [ ] Musik machen (T)
   - [ ] Samenkapseln abschlagen (M)

5. dreschen
   - [ ] Samen herausschlagen (E)
   - [ ] Tiere füttern (O)

6. wässern
   - [ ] etwas trinken (F)
   - [ ] ins Wasser legen (R)

7. dörren
   - [ ] Flachs verkaufen (F)
   - [ ] Flachs rösten (T)

8. brechen
   - [ ] Stroh verfeinern (A)
   - [ ] Tücher herstellen (E)

9. hecheln
   - [ ] eine Pause machen (L)
   - [ ] Fasern fein kämmen (G)

2 Wenn du alles richtig angekreuzt hast, ergibt sich ein Lösungswort. Trage es hier ein.

1	2	3	4	5	6	7	8	9

Zu Jo-Jo-Lesebuch 4, Kapitel 13, Seite 146:
die richtige Bedeutung von Fachbegriffen ankreuzen, dabei Bilder als Hilfe nutzen;
Lösungswort notieren und zur Selbstkontrolle verwenden

Vermutungen zu einem Buchcover anstellen

1 Betrachte das Cover.

2 Kreuze an, worum es in dem Buch gehen könnte.

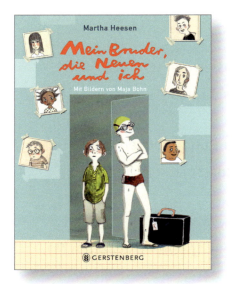

☐ Ärger im Schwimmbad
☐ eine große Familie
☐ eine Tiergeschichte
☐ eine Reise in den Süden
☐ eine Schulgeschichte

3 Lies diese Einführung in das Buch.

Mein Bruder, die Neuen und ich

Toon und Jan haben es gut. Sie haben verständnisvolle Eltern, ein nettes Zuhause und auch sonst ist alles in Ordnung.
Zugegeben, der ehrgeizige Jan, der Leistungsschwimmer ist und immer so cool tut, kann ganz schön nerven. Er sagt seinem Bruder gerne, wo's langgeht.
Immer wieder nimmt die Familie Pflegekinder auf. Das bedeutet, dass hier oft Kinder wohnen, bei denen zu Hause etwas Schlimmes ist. Manchmal bleiben sie Monate, manchmal nur ein, zwei Tage.
Im Sommer kommt Arend …

4 Markiere im Text die wichtigsten Stichwörter.

5 Hat sich deine Vermutung bestätigt? Kreuze an.

☐ Ja, so etwas habe ich erwartet.
☐ Nein, ich habe etwas ganz anderes erwartet.

6 Lies nun den ersten Teil der Geschichte auf der nächsten Seite.

Die eigene Meinung begründen

Arend

Eine Stunde später fuhren wir los. Meine Mutter war mit feuerrotem Gesicht dabei, einen Stapel Formulare in ihre Handtasche zu stopfen. Mein Bruder Jan saß hinter ihr, den piepsenden Spielcomputer in den Händen. Ich saß hinter meinem Vater und tat nichts. Und zwischen uns saß Arend.

5 „Dein Rucksack kann auch hierher, auf den Boden", sagte ich.

Sofort schob er ihn mir zu. Das Ding wog eine Tonne!

„Was hast du denn da drin? Steine?"

„Mein Vogelfernglas ist darin", sagte er, „und alle meine Vogelbücher und mein Steinbuch und mein Heft und mein Stift und meine Bergschuhe und meine dicken
10 Socken und … und … ach ja, meine Ersatzbrille und meine Medikamente und …"

„Zahnbürste?", fragte ich. „Schlafanzug? T-Shirts? Unterhosen?"

„Weiß ich nicht so genau", sagte er. „Vielleicht nicht."

Er schaute auf seine Armbanduhr. „Wie viele Kilometer sind es?"

„Siebenhundertachtundachtzig. Stimmt doch, Papa?" Mein Vater nickte.

15 „Dann brauchen wir dafür acht Stunden, dreiundvierzig Minuten und acht Sekunden", sagte Arend.

Du lieber Himmel, sagte ich leise zu mir.

Martha Heesen

1 Was denkst du über Arend? Kreuze an und begründe.

☐ Arend ist sonderbar, weil ☐ Arend ist wie andere auch, weil

_____ _____

_____ _____

_____ _____

2 Lies den Text oben mehrmals. Fülle die Zeile aus.

Ich habe den Text _____ Mal gelesen.   🟢 🟡 🔴

3 Lies nun im **Jo-Jo-Lesebuch** die Seiten 148 bis 150.

Ich liebe Bücher

1 Die Autorin und Übersetzerin Sabine Ludwig hat ein Interview gegeben. Rahme jede Frage und die passende Antwort mit einer Farbe ein.

- Haben Sie ein Lieblingsbuch?

- Schriftstellerin wollte ich eigentlich nie werden. Es klingt zwar komisch, aber ich schreibe nicht gern. Ich liebe es, mir Geschichten auszudenken und sie anderen zu erzählen, aber ich finde es mühsam, sie aufzuschreiben.

- Sie sind auch Übersetzerin. Was mögen Sie daran besonders?

- Wollten Sie immer Schriftstellerin werden?

- Ach, da muss ich nicht viel nachdenken. Die meisten Dinge, über die ich schreibe, hab ich selbst erlebt.

- Von den Büchern, die ich geschrieben habe, gibt es keins, von dem ich sagen könnte, dass ich es weniger mag als die anderen.

- Beim Übersetzen lerne ich meine Sprache neu kennen. Ich muss darüber nachdenken, ob ein deutsches Wort an der Stelle passt oder ein anderes besser wäre.

- Wie kommen Sie auf die Ideen?

Fragen an einen Text stellen

1 Lies den Text.

Die Tür zur Bibliothek

Meggie hatte immer geglaubt, dass Mo viele Bücher besaß. Nachdem sie Elinors Haus betreten hatte, glaubte sie das nie wieder.
Es gab keine herumliegenden Stapel wie bei Meggie zu Hause. Jedes Buch hatte offenbar seinen Platz. Doch wo andere Menschen Tapeten haben,
5 Bilder oder einfach ein Stück leere Wand, hatte Elinor Bücherregale.
„Diese da", verkündete Elinor mit wegwerfender Geste, während sie an den dicht gedrängt stehenden Bücherrücken vorbeischritt, „haben sich im Laufe der Jahre angesammelt. Sie sind nicht weiter wertvoll, meist von minderer Qualität, nichts Außergewöhnliches. Sollten sich gewisse Finger nicht beherrschen können
10 und irgendwann eins davon herausziehen", sie warf Meggie einen kurzen Blick zu, „so wird das keine ernsthaften Folgen haben. So lange diese Finger, nachdem ihre Neugier befriedigt ist, jedes Buch wieder an seinen Platz stellen und keine unappetitlichen Lesezeichen darin hinterlassen. In einem der letzten Bücher, die ich gekauft habe, einer wunderschönen Erstausgabe aus dem neunzehnten
15 Jahrhundert, habe ich doch tatsächlich eine eingetrocknete Salamischeibe als Lesezeichen gefunden."

Cornelia Funke

2 Schreibe drei Fragen zum Text auf.

_____

_____

_____

_____

3 Markiere die Antworten auf deine Fragen im Text.

4 Lies im **Jo-Jo-Lesebuch** die Seiten 162 und 163 mit dem ganzen Text.

Das ist aber total mein Buch!

Bücher-Profis suchen Bücher, die zu ihnen passen.
Sie untersuchen mehrere Bücher genau.

1 Betrachte die Buchcover.
Kreuze an, welche Bücher dich interessieren.

1 ☐   **2** ☐   **3** ☐   **4** ☐

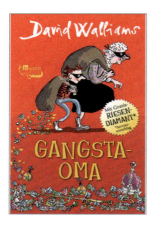   

2 Lies die Klappentexte. Nummeriere, zu welchem Buch sie gehören.
Unterstreiche die Schlüsselwörter, die dir die Lösung verraten haben.

Toon und Jan haben es gut: Sie haben verständnisvolle Eltern, ein nettes Zuhause und auch sonst ist alles in Ordnung. Aber anscheinend sind die beiden Jungs nicht kompliziert genug, denn die Eltern nehmen immer wieder Kurzzeit-Pflegekinder auf. ☐

Hier können wir die fleißigen Insekten aus der Nähe betrachten, in einen Bienenstock schauen und alles über das Imkern erfahren. Wer bei Bienen nur an den leckeren Honig denkt, wird staunen! ☐

Die Lehrerin in die Tasche stecken! Wer wird dem 12-jährigen Felix jemals glauben, dass er die von allen gehasste Mathelehrerin auf die Größe von 15,3 Zentimeter geschrumpft hat? Er weiß ja selbst nicht, wie es passiert ist! ☐

Ben muss jeden Freitag bei seiner Oma verbringen. Die ist zwar nett, aber sooooo langweilig. Doch eines Tages findet Ben heraus, dass seine Oma ein Geheimnis hat: Sie war früher eine bekannte Juwelendiebin! ☐

Bücher auswählen – Texte bewerten

1 Wähle **drei Bücher** aus und kreuze sie an.
Lies dazu jeweils die Seiten im **Jo-Jo-Lesebuch.**

☐ Lesebuchseiten 10–12

☐ Lesebuchseiten 86–87

☐ Lesebuchseiten 68–70

☐ Lesebuchseiten 48–49

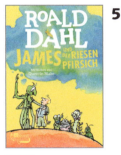
☐ Lesebuchseiten 92–93

☐ Lesebuchseiten 148–150

☐ Lesebuchseiten 162–163

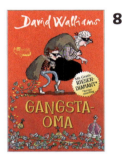
☐ Lesebuchseiten 44–47

2 Wie haben dir die drei Texte aus Aufgabe 1 gefallen?
Fülle dazu die Tabelle aus und kreuze an.

Titel des Buches (abgekürzt)	☺	😐	☹

3 Lies einen der drei Texte aus dem **Jo-Jo-Lesebuch** mehrmals.
Fülle die Zeile unten aus.

Ich habe den Text _____ Mal gelesen. ☐ 🟢 ☐ 🟠 ☐ 🔴

Quer durch das Leseheft

1 Finde die Antworten in diesem Heft. Kreuze an.

1. Wie heißt das erste Buch von Erich Kästner?
- [ ] Pünktchen und Anton
- [ ] Emil und die Detektive
- [ ] Das fliegende Klassenzimmer

2. Wo verbringen Kraniche das Frühjahr?
- [ ] in der Wüste Afrikas
- [ ] in den Bergen Frankreichs
- [ ] in den Sümpfen Schwedens

3. Was gibt es auf Seite 16 nicht?
- [ ] Regenwürmer
- [ ] Schmetterlinge
- [ ] Ameisen

4. Woran erkennt Ben seine Oma?
- [ ] an der Sturmmaske
- [ ] an der gebeugten Haltung
- [ ] an dem Elektromobil

5. Was ist eine Piñata?
- [ ] ein fester Klebstoff
- [ ] eine Papierkugel mit Süßigkeiten
- [ ] ein besondere Sorte Schokolade

6. Auf dem Foto von Seite 28 sieht man
- [ ] Heidi Hetzer.
- [ ] Clärenore Stinnes.
- [ ] Maria Sybilla Merian.

7. Welches Recht gibt es auf Seite 35 nicht?
- [ ] das Recht auf Bildung
- [ ] das Recht auf Spiel und Ferien
- [ ] das Recht auf Süßigkeiten

8. Wer macht die Betten?
- [ ] Herr Tausendfüßler
- [ ] Frau Spinne
- [ ] Frau Grashüpfer

9. Was macht man in Polen am Ostersonntag?
- [ ] eine Wasserschlacht
- [ ] einen Lichtertanz
- [ ] ein Radrennen

10. Feggel ist
- [ ] ein Schlammfresser.
- [ ] eine Schlammschnecke.
- [ ] ein Schlammsauger.

11. Das Hobby von James ist
- [ ] Fußball spielen.
- [ ] Ballett tanzen.
- [ ] Fahrrad fahren.

12. Wer surft auf Seite 53 auf einer Welle?
- [ ] ein Junge
- [ ] eine Maus
- [ ] ein Mädchen

13. Wer hörte vom Bündeln und Hecheln?
- [ ] die Tagesmutter
- [ ] die Mittagsfrau
- [ ] Hanka, die Magd

14. Was für ein Lesezeichen fand Elinor?
- [ ] eine eingetrocknete Salamischeibe
- [ ] ein getrocknetes Kleeblatt
- [ ] einen Einkaufszettel

Lösung zu Seite 13, Aufgabe 4: Pantinen sind Holzschuhe.